エッセイ集

索々《さくさく》たる五合庵　良寛の愛語を語る

黒羽　由紀子

エッセイ集　索々《さくさく》たる五合庵　良寛の愛語を語る　＊　目次

索々《さくさく》たる五合庵　良寛の愛語を語る

索々《さくさく》たる五合庵

令和五年五月、私は良寛が住んだ五合庵を知人と訪ねました。庵には、三十年前に一度訪れたことがありますが、あの時の、何ともいえない優しさに包まれるような雰囲気を今までも覚えています。

今回はありがたいことに、全国良寛会会長の小島正芳氏と、副会長の柳本雄司氏がご案内をしてくださいました。両氏は、良寛研究家の第一人者であり、お人柄も良寛様のようなお方でございます。

五合庵は、以前訪れた時と同じく、杉木立に囲まれたわずかな敷地にひっそりと建っておりました。周りの木々の緑が、庵に映っています。

板張りの床には、赤い座布団が少し離れて三枚置かれています。たぶん法要のためでしょうが、なぜか良寛が座っていて「よく来たね」と温かく迎えてくださったように感じられました。
良寛は五合庵のある日をこう詠じています。

索々《さくさく》たる五合庵
実《じつ》に懸磬《けんがい》の如《ごと》く然《しか》り
戸外杉千株《こがいすぎせんしゅ》
壁上偈数篇《へきじょうげすうへん》
釜中《ふちゅう》時に塵《ちり》有《あ》り
甑裏《そうり》更《さら》に烟《けむり》無《な》し
唯東村《ただとうそん》の叟《おきな》有《あ》りて
頻《しき》りに叩《たた》く月下《げっか》の門

（何ともわびしい五合庵です。打楽器の磬《けい》を懸《か》けたような室内で、がらんとしています。外は杉が立ち並び、壁には書いた詩を幾枚、貼ってあります。釜には時に塵がたまることもあるし、かまどに烟が立たないこともあります。ただ隣の村の老人が訪ねてきて、月明りのなかでしきりに門を叩いています。）

これを読みますと、良寛は五合庵に身を置いて無為静寂を味わっていたのだとわかります。時には寝食を忘れるほど瞑想《めいそう》の深奥《しんおう》に居たり、また、四季折々に自らの思いや喜び、悲しみ、寂しさなどを、うたっているのがうかがえます。

詩においては、「心中の物を写さずんば、多しと雖《いえど》も復何《またなに》をなさん」と境地を述べています。このことからも、こころが趣くまま、ありのままに精神世界を描く、豊かな詩作活動であったことを想起させます。

五合庵には、時おり訪ねてくる友人がいます。良寛の生き方に共鳴する人でしょうが、詩の世界や仏道の世界について言葉を交わしたいと思う人たちと思われます。あるいは良寛自身に会えること自体が嬉しいのかもしれません。

訪ねてきた人の詩があるので見ていきましょう。竹丘《ちくきゅう》老人（海津間兵衛《かいづかんべえ》）です。

竹丘老人過《よ》ぎり訪《と》わる
樹杪《じゅびょう》の蟬声巌下《ぜんせいがんか》の水
夜来の過雨《かう》
煙塵《えんじん》を絶す
道《い》うことなかれ草庵《そうあん》
無一物《むいちもつ》
満窓《まんそう》の涼気君《りょうききみ》に分与せん

樹木の枝に鳴く蟬の声と、崖下の水の音が清らかに聞こえます。昨夜の雨が、埃をきれいに洗ってくれました。草庵は無一物です。これは自分が望んだことで、何も言うことはありません。ただ窓いっぱいの、涼やかな気をあなたに差し上げますのでどうぞ満喫してください。そのような詩に受け取れます。

五合庵での生活は、良寛の精神を枯淡と風流に至らしめたのではないでしょうか。それは、生きてゆけるぎりぎりの日常を、自らに課し突き抜けたところで、行き着いたものと考えられます。それが次の歌から見て取れます。

埋《うづ》み火に足さしのべて臥《ふ》せれども
今度《こたび》の寒さ腹に通《とほ》りぬ

良寛は、この厳しい環境こそ己れの修行の場と心得ていたと思われます。それは師の国仙和尚が教えてくれた「下座行」に徹することだったのではないでしょうか。「下座行」とは、禅僧が高座から降りて自然や民衆のなかで修行することです。

そのような修行が、いつしか良寛のこころを透明にしたのでしょう。五合庵の春夏秋冬に、心身をゆるやかにまかせていったかの歌を多く詠みました。まるで、枯淡風流の世界を味わっているようです。それらの一部をたどってみましょう。

夏草は心のままにしげりけり
われいほりせむこれの庵に
秋もややうら寂しくぞなりにけり
小笹《をざさ》に雨の注《そそ》ぐを聞けば

この二首にも、「心のままに」茂っている「夏草」を見ている良寛のこころのままが映されています。

さらに「秋」も深くなり、しんみり「小笹」に「注ぐ」「雨」の音を聞いているのです。良寛はもう、聴覚だけになってしまったようです。

良寛は、村々を托鉢《たくはつ》して回りました。そのなかで、布施がない時もありました。また病人がいる家には、いただいた布施をそっと置いてくることもありました。そんな日の、気持を詠んだ詩が伝えられています。

痴頑《ちがん》何《いず》れの日にか休まん
孤貧《こひん》是れ生涯
日暮荒村《にちぼこうそん》の路《みち》
復空盂《またくうう》を掲《かか》げて帰る

ここでは、おろかでかたくなな性格は、いつになったら治るでしょうかと嘆いています。だが、孤《ひと》り貧しく送る生涯は、自分が選んだ道だという覚悟と胆《はら》のくくりがあります。

日暮れにさびしい村を歩いて、空《から》の鉢を持って五合庵に帰るのです。この描写に、さわやかで満ち足りた様子がうかがえます。空の鉢もいいではないかといい、これも仏道修行なのですとつぶやいているのが聞こえるようです。

まさに「痴頑《ちがん》」でなければ、めざせない生き方に受け取れます。愚かさやこだわりから、身心脱落《しんじんだつらく》してせいせいと生きている良寛なのです。

良寛が暮らす五合庵は、深い山のなかにありましたが、時には良寛を頼って訪ねて来る人もいました。こんな逸話が遺《のこ》っています。

ある年の正月、子連れの女乞食が五合庵にやって来ました。良寛は、食べる物がなくて困っている様子に同情し、自分の友人のところを訪ねるように手紙を持たせました。

これはあたりの人に候。夫は他国へ穴ほりに行《いき》しが、いかが致候やら、去冬《きょとう》は帰らず、子どもを多くもち候得《そうらえ》ども、まだ十よりしたなり、この春は村々を乞食して、その日を送り候。何ぞあたえて渡世の助《たすけ》にもいたさせんとおもえども、貧窮《ひんきゅう》の僧なればいたしかたもなし。なになりと少々この者に御あたえてくださるべく候。

良寛は、内心忸怩《じくじ》たる思いではなかったでしょうか。貧しい僧の自分には、何もしてあげられないのです。せめて友人に、手紙を書いてお願いするのです。

この手紙を受け取った友人は、女乞食に餅を与えてくれました。このことに、良寛の人間関係の信頼の深さを思います。おそらく良寛は、女乞食の姿が見えなくなっても見送り、この先を仏様に守ってくださるよう念じたことでしょう。

良寛はなぜこうも、慈悲深さを持つのでしょうか。考えてみますと、五年に渡る諸国行脚の孤独な旅、そして清貧に徹している五合庵の生活。その上、良寛も貧しさに身を置いて、その日暮らしです。それらが相俟《あいま》って共感となり、すべての人を思いやる慈悲行になっていったととらえられます。

五合庵を、さわやかな風が吹きぬけています。私は、庵に置いてあるノートに、良寛様、いつもお励ましくださりありがたく存じます。お陰様で生きてこれましたと、良寛様が庵にいらっしゃるかに声にだして記しました。それから、もう高齢で二度とお訪ねすることはできませんとつぶやき、しっかりと五合庵を目に納めました。

帰り道、なぜか私は気持が穏やかで、にこやかな表情になっている自分に気がつきました。そのことを、同行してくださった小島正芳会長と柳本雄司副会長に告げると、私もそうなのですよと答えられました。

五合庵は須弥山《しゅみせん》です。そう想います。そこから藤の杖をつき、鉢の子を携《たずさ》え托鉢に向かう良寛が彷彿《ほうふつ》としてきます。それは濁世《じょくせ》に生きる私たちの、悲しみと苦悩を分かち合い愛語の行のために降りてこられるのです。

国仙和尚との邂逅《かいこう》

良寛が、備中玉島（岡山県倉敷市玉島）の円通寺の住職である国仙《こくせん》和尚の下で、得度《とくど》を受けたのは二十二歳の時でした。

得度の際、国仙和尚から授けられた僧名が「大愚《だいぐ》良寛」です。大愚という号は、愚直なほど正直で誠実であることを意味しています。

国仙和尚と良寛は、師と弟子として邂逅したのです。世のなかには、師と弟子の関係は多数ありますが、国仙和尚と良寛ほど逢うべくして逢った師弟関係はないと言われています。良寛は、国仙和尚がいなければ、良寛という存在にはならなかったと考えられています。

良寛は、国仙和尚に随《つ》いて円通寺に向かいました。願いは叶い、希望に満ちた旅立ちであったことでしょう。だがその一方、良寛は、名主職を放棄し、その上、故郷を捨てて行ったのですから、その自分勝手さをこころで詫びていたことでしょう。両親とは、この時の別れが今生の別れとなりました。

円通寺では、良寛は、ただひたすら修行に打ちこみました。後にその修行を思いだして書いた詩から、その時の真剣な姿勢がうかがえます。

憶《おも》ふ円通に在りし時
恒《つね》に吾《わ》が道の弧《こ》なることを難《なげ》きし
柴を運んでは龐公《ほうこう》を懐《おも》い
碓《うす》を踏んでは老盧《ろうろ》を思う
入室《にゅうしつ》敢《あえ》て後るるに非ず
朝参《ちょうさん》常に徒《と》に先んず　（後略）

（考えてみると、円通寺にいた頃いつも嘆いていたのは、私の求めている道に共鳴する人がいなかったことです。柴を運ぶときは龐公《ほうこう》の生き方を思い、臼《うす》で米を搗《つ》くときは老盧のことを思っていました。朝の問答には、後れを取らず質問をし、夕べの説法には、人より先に聞きにいったのです。）

龐公とは、唐代の道玄龐蘊《どうげんほううん》居士のことです。龐公は、欲望を嫌い、竹籠を作って生計を立て、悟りを得た人と伝えられています。老盧とは、唐代の禅僧である六祖慧能《ちくそえのう》のことです。金剛経を聞いたのをきっかけに、母親を捨て、禅の道に入り、悟りを開いたと言われています。

良寛は、古《いにしえ》の高僧の生き方を理想としました。そして「孤《こ》なることを難《なげ》きし」と思えたのは、古の禅や風流、徹底して共鳴してくれる人が周囲にいなかったと言うことでしょう。

そのような良寛を、師の国仙和尚は高く評価しました。また、良寛が、国仙和尚に「如何《いか》なるか是《こ》れ和尚の家風」と尋ねると、師は「一に石を曳《ひ》き、二に土を搬《はこ》ぶ」ことと勤労にあたることを説き、坐禅をしたり経を唱えたりすることだけが仏法ではなく、作務《さむ》（労働）への精進も大切な仏行だと教えました。
さらに良寛は、師から、開祖道元の『正法眼蔵《しょうぼうげんぞう》』を学び、自分の生き方が変わってしまうほどの経験をしたと振り返っています。その学びが、後に仏道者としての良寛の活動の原点となりました。そのことを書いた詩があります。

憶《おも》い得たり疇昔《ちゅうせき》円通に在りし時
先師提持《せんしていじ》す正法眼《しょうぼうげん》
当時洪《とうじおお》いに翻身《ほんしん》の機《き》有り
為《ため》に拝閲《はいえつ》を請い親しく履践《りせん》す
転《うた》た覚《さと》る　従来独り力を用いしを（中略）

（思いかえせば、私は昔玉島の円通寺にいた時に、亡くなられた国仙和尚から『正法眼蔵』の教えを受けました。その教えによって、私は生き方が変わってしまうほど大きなこころの働きを得たのです。そこでお願いをして『正法眼蔵』を見せていただき、身をもってふみ行いました。その結果、今まで自分だけの力で解決しようとしていたことの間違いをしっかりさとり）

国仙和尚から、『正法眼蔵』の真心のこもった講義を受けて、今までの自分が覆るような衝撃を受けたことがわかります。

その時に、感銘を受けた「菩提薩埵四摂法《ぼだいさつたししょうぼう》」の「布施《ふせ》・愛語《あいご》・利行《りぎょう》・同時《どうじ》」（持っている人は持たざる者に分かち与える／慈愛から起こる言葉／人を助ける行動／相手の立場に合わせて行うこと）を、後に実践することになるのです。

そのなかでも特に「愛語」を重視し、「愛語」の人生を送っていきました。国仙和尚との邂逅が、道元禅師との邂逅に導かれたのです。そうした円通寺での修行は、帰郷してから、越後の良寛さんとして輝く精神を培っていったのです。

円通寺での修行から十年後、寛政二年（一七九〇）に、良寛は、国仙和尚から修行が終了した証明としての印可《いんか》の偈《げ》（修行成就の証明）を授かりました。

良寛庵主に附す
良や愚の如く道うたた寛《ひろ》し
騰々《とうとう》運に任せ誰か看《み》ることを得ん
ために付す山形《さんぎょう》爛藤《らんとう》の杖
至る処の壁間《へきかん》にして午睡《ごすい》の閑《かん》

これを読むと、国仙和尚は、良寛が身心脱落《しんじんだつらく》の境地に達したことを知っていました。身心脱落とは、すべてのとらわれをはなれて身心が自由自在の境地になる道元禅師の悟りの言葉です。

国仙和尚は、良寛よ、おまえの仏性はまことに清浄で愚のようである。そのこころは何よりも寛くて大きい、ゆったりとすべてを縁にまかせている。だがそのことは、誰も理解していないから、孤独に耐えて、生きていくのがよいと言っています。

そしてそのために、「爛藤の杖」を与えよう。時にはこころ置きなく、「午睡」

をして自由に歩んで行くがよいと、はなむけの言葉を贈っています。また「良寛庵主に附す」とあるので、この頃には円通寺境内の庵主として住んでいたのでしょう。

この印可の偈には、国仙和尚の良寛への深い愛語のこころを感じます。いかなる時でも、弟子の良寛を信じて育んでいったと思えます。その育みにより、国仙和尚による『正法眼蔵』の提示が、良寛の身に沁み渡り血肉化されたのです。

良寛は三十三歳の時に、円通寺を去り、西国行脚に旅立ちました。どこにいても、そこを修行の場所にしようと決意してのことだったのでしょう。

道元禅師や国仙和尚の教えを拠り所にし、人々の衆生済度のために、禅僧として独自の本領を目指したと思われます。

旅立ちは、すでに示寂（僧の逝去）していた師の国仙和尚の面影をまぶたに、師に同行する思いであったことでしょう、十二年前、師に随《つ》き従い円通寺にやって来た時と同じように。そして、さらなる人間修行の旅へと歩んで行くのです。

良寛つばき

良寛つばきというつばきがあることを知ったのは、令和三年七月一日発行の全国良寛会会報「良寛だより」の記事でした。

「玉島円通寺覚樹庵《かくじゅ》跡に凛とそびえ立つ白玉つばきの古木を「良寛つばき」と称して、古《いにしえ》より地元の人達から大事に見守られてきました」。（岡山県良寛会会員、福留正治）とあります。

良寛つばきの由来を読みますと、なぜか若き日の良寛の修行時代が偲ばれます。良寛が、この白玉つばきの清らかな白さそのもののような修行をされたと受け取れ、それは今もって良寛の魂が咲かせた花のようにも思われるからです。

良寛が、師の国仙和尚に随行《ずいこう》して備中玉島の円通寺で修行生活に入ったのは、二十二歳（安永八年、一七七九）から三十四歳（寛政三年、一七九一）までの十二年間です。その間、国仙和尚の指導の下で厳しい修行の日々を送りました。そこで良寛は、「清貧」の意味をより深く考えました。それは、円通寺での修行について書いた詩からうかがえます。

円通寺に来たりてより、幾回《いくかい》か冬春《とうしゅん》を経たる。衣《ころも》、垢《あか》づけば手づから濯《あら》い、食、尽きれば城闉《じょういん》に出ず。門前《もんぜん》、千家《せんけ》の邑《むら》、すなわち一人だにも識らず。かつて高僧伝を読みしに、僧は可々《かなり》に清貧なりき。

（円通寺に来てから、何度かの冬と春を経験しました。衣が汚れれば自分で洗い、食べるものがなくなれば、山を下りて町や村に入り托鉢をしました。門前には、多くの家がありましたが、親しくなった人は一人もいません。いつだったか、禅の高僧伝を読みましたが、僧侶たるものはいずれも清貧に生きています。）

良寛は、真剣に修行に向きあい、そのなかで清貧生活の第一歩を踏み出します。清貧こそが、欲望を超える道と悟ったのではないでしょうか。確かに、人の苦しみや悲しみの元には、欲望があることが多く見られます。

それ以後、良寛は先人たちを手本に、生涯、徹底した清貧の道を貫くことになります。その貫き方に、覚樹庵跡の真っ白なつばきが重なってきます。修行により道元禅師の言う「覚えざるに衣しめる」を思い起こさせられるからです。雑り気のない白さが衣をしめらせていったと感じられるからです。

このような、修行三昧の日々ですが、自然に親しみ仲間と好きな酒を飲んで、後の枯淡の境地につながる詩も書いています。

円通に攀登《はんとう》すれば夏木《かぼく》清し、君に杯酒を進む、避暑の情。一樽《いっそん》、酌み尽くして詩賦《しふ》を催《もよお》す、熱さを忘れて更に聞く、暮鐘の声。

(円通寺まで登っていくと、夏の木々が涼しいです。この涼しいところで、どうですもう一杯と酒を勧めあって、夏のひとときを過ごしています。酒樽を飲み終わり、詩を歌いたいと思います。暑さを忘れていると、夕暮れの鐘の響きが身に沁みてきます。）

この詩には、円通寺での修行生活のひとこまが見えてきます。良寛にとって、こうした修行の日々は、人との関係や立場とか、様々なことを培う根となっていきました。

円通寺時代の、とりわけ良寛の庵生活の出発点になったと考えられる覚樹庵は、寺を持たなかった良寛の生き方において意義深いものを感じさせます。覚樹庵とは、円通寺山内の塔頭《たっちゅう》で、元禄十四年（一七〇一）の創建から百年を経た寛政十二年（一八〇〇）に、良寛住庵後、円通寺十一世即中玄透《そくちゅうげんとう》が補修したと言われます。

良寛は、師の国仙和尚に「印可《いんか》の偈《げ》」（修行成就の証明）をもらう前後、覚樹庵主をしていたと見られます。ただ良寛は、三十四歳の時に、十二年間を過ごした円通寺を出て、諸国行脚《あんぎゃ》の生活に入りましたので、覚樹庵に住んだのは二年間という短かい年月でした。

良寛は、覚樹庵がとても気に入っていました。なかでも、庵の周りにある竹林をとても大事にしていました。

ある日、便所の屋根に伸びたタケノコがつかえてしまったので、ろうそくで穴をあけようとして便所を焼いてしまったことがあるそうです。この話は、後の五合庵に生えたタケノコのために、便所を焼いてしまった話と同じです。すべてのものを慈しむ良寛のこころがよく表れている話です。

また春になると、覚樹庵の側には白玉つばきが咲きます。その品のある柔らかな姿を良寛は愛でていました。それを眺めながら、これからの聖胎長養《しょうたいちょうよう》、つまり悟りの後の修行を思惟していたのではないでしょうか。

いつの季節に円通寺を去ったのかわかりませんが、私には円通寺での修行の日々を、白玉つばきに残して旅立ったと思えてなりません。良寛は、晩年まで覚樹庵の白玉つばきを思い浮かべていたことでしょう。

良寛の座右の銘は、「一生成香《いっしょうせいこう》」（一生香を成せ）です。これは、生涯いい香りを発しながら生きよ、ということです。この銘は、良寛の自分に対する厳しい戒めでした。

良寛は、常に我が身を振り返りました。それは無欲のこころ、慈愛のこころを持ち続けるための自省の努力だったのです。なんとかして、仏法の真実にふさわしい行いをしたいものだと思っていました。そのように、自分を奮い立たせるための座右の銘であったのかも知れません。

玉島に思いを馳せますと、覚樹庵の白玉つばきに「一生成香」と誓って帰郷の途につく良寛の姿が映ります。越後では、乞食《こつじき》に徹し、悲しみと苦悩の人々と共生をし、忍辱《にんにく》の衣を着てすべてを許容し徳行する境涯に達していきました。それは、縁にまかせ美しく生き、香を成した一生でした。今も、白玉つばきの真っ白な花々から、尊い良寛のこころが香ってきます。まさしく良寛つばきです。

遺墨《いぼく》の父

良寛の父、以南《いなん》が亡くなったのは寛政七年（一七九五）でした。末弟の香《かおる》を通して知らせが届いたのは、良寛が三十八歳の時でした。京都の桂川へ入水しての死でしたが、その遺体は発見されることはなかったと言われます。

父の死は、良寛にとって青天の霹靂《へきれき》でした。悲しみに暮れるよりは、なぜ身を投げて自殺しなければならなかったのかと腑に落ちない気持の方が先であったことでしょう。命を捨てるほどの苦しみがあったのだと思うと、居ても立ってもいられず全身の力が抜けて、気持の整理がつかなかったのではないでしょうか。

以南は、尊王思想に傾倒していました。それが幕府の役人にも知られるところとなり、思いが遂げられず自らの非力に死を選らんだと見られています。だが良寛には、思想的な事情が絡んでいるとは到底及びもつかなかったのです。

それよりも、自分が原因で父を死に追い込んでしまったのではないかという思いを強くしていました。名主を継がなかったからとか、修行を終えても住職にもならず、さまよっているせいではないかとか、自分を責め続けていました。

良寛は、父の葬儀にも、初七日の供養にも参列できなかったということです。

後になって、良寛は以南の辞世の歌を知りました。

天真仏《てんしんぶつ》の告《つげ》により て桂川のながれに以南をすつ
蘇迷盧《そめいろ》の山をしるしにたておけばわがなきあとはいづらむかしぞ

「天真仏」(宇宙大自然の姿そのままが仏の姿)のお告げによるものだから、我が亡き跡を訪ねてもわかりはしないとし、さらに蘇迷盧(仏教上の世界の中心にある山)を目印として立てておくので、自分の死後はきっとそれが世に知らせるであろうと言い遺《のこ》しています。

この辞世の歌を読むと、以南の深い信仰心が思われます。仏教に篤く帰依していたのでしょう。我が亡骸《なきがら》さえも子にも晒さないという思いは、仏そのものの自然に還るとした死生観であり、父としての良寛ら子への思いやりと考えられます。

以南は、良寛に宛てた短冊を人に託しています。

朝霧《あさぎり》に一段ひくし合歓《ねむ》の花

夜の霜　身のなる果《はて》やつたよりも

良寛は、この遺墨をどんな思いで目にしたでしょうか。読むこともできず胸に押しあてていたのではないでしょうか。その胸中は察するにあまりあります。

良寛には、「合歓の花」は父以南の命であり、その命がいま今、まさに散ることを感じとったのではないでしょうか。さらに、「身のなる果や」の我が命は、

「霜で枯れるつた」と同じ定めなのだと言っているように受け取れ、それが人の命のはかなさの教えに思えたのではないでしょうか。

父の遺墨の余白に、良寛は次の句と歌を書き添えました。

蘇迷盧《そめいろ》の訪れ告げよ夜の雁《かり》

みづくきの跡も涙にかすみけり
在りし昔のことを思ひて　（みずくき、筆跡）

「夜の雁」よ、「蘇迷盧」が「訪れ」て来たなら、ぜひ鳴いて「告げ」てくださいと記し、また、あなたの残された「みずくきの跡」は読むことはできません。遠い「昔のこと」が、浮かんで消え、消えては浮かんで「涙にかすんでしまう」ばかりですと心情を吐露しています。

良寛は父の遺墨を生涯、懐に抱いていました。おそらくそうすることで、良寛は以南と共に歩んでいたのでしょう。時にこころのなかで対話し、父に背を押されたり、良寛は父に相談などをしたりして過ごしていたのでしょう。

父以南の突然の死は、良寛のこころに動揺を与えました。それは道元禅師の、故郷や家族のことをいつまでもこころに思っていては修行の妨げになるという「莫帰郷《まくききょう》」（帰郷すること莫《なか》れ）の教えが身に沁みていたからです。

だが、父が亡くなった今、帰郷して父の供養をし、実家橘屋を見守ることが長男の自分の務めではないかとの思いが湧き上ったことでしょう。

そのような気持が表れている句があります。

われ喚《よび》て故郷へ行《ゆく》や夜の雁《かり》

「雁」は、良寛の帰郷に対する思いの変容とうかがえます。まるで遺墨の父の魂が、「夜の雁」になって、栄蔵（良寛の幼名）、父と一緒に帰ろうと鳴いているように思えたのではないでしょうか。

いつしか良寛の目には、兄弟や学友たちの姿がなつかしく浮かんできたことでしょう。さらに生まれ故郷の海や山、春の野、降りつもる雪などが待っていてくれると思えたことでしょう。

良寛は、帰郷への気持を固め、そのための覚悟をもつに至ったと見受けられます。その覚悟を示した歌があります。

憂きことはなほこの上《うえ》に積もれかし
世を捨てし身に試《ため》してや見む

たとえ帰郷してひどい仕打ちを受けようとも、それは自分にとってこの上ない修行であり、自分に与えられた試練なのだ。そう良寛は思ったのです。

そして住職にならず、村の人々と共に生き、子どもたちや貧しい人々を支えるために身を晒していこう、それが定めなのだと決心をしたのでした。

此《こ》の生何《なに》に似たる所ぞ
騰騰《とうとう》として且《しばら》く縁に任《まか》す
笑うに堪えたり嘆《なげ》くに堪えたり
俗《ぞく》に非《あら》ず沙門《さもん》に非ず　（後略）

私の生き方は、何に似ているというのだろう。こころのままに縁にまかせて生きていこう。俗人でも、僧侶でもない私なのだからと、その頃の心境をうたっています。

良寛は、「俗に非ず沙門に非ず」を貫きます。五合庵や乙子《おとこ》神社草庵などに住み、生きる辛さと苦しみにあえいでいる人々へ慈悲の実践をし、自由闊達《かったつ》な多くの書・漢詩・和歌・俳句を遺《のこ》します。

それは無心と風流に連動した境涯そのものの芸術でした。見事に越後の良寛さんとして精神生活を花開かせました。

そのような縁をもたらしたのは父以南の遺墨でした。その遺墨により良寛は本当の自分を見つけたのです。遺墨は、父としての導きでした。
そしてそれは、良寛の耳にいつも聞こえる父の言葉、備中玉島の円通寺におもむく際に父が贈ってくれた言葉に呼応しています。

父が語らく世を捨てし捨てがひなしと
世の人に言はるなゆめと言ひしこと
今も聞くごと思《おも》ほえぬ

（覚悟して出家したのだから、世間の人に恥ずかしくないような立派な僧侶になりなさい。）

帰郷、それから

良寛を真の良寛にしたのは、故郷越後に帰郷して、清貧のなか、乞食《こつじき》僧として生き、仏道者としての道を実践し、表現者として精神世界をきびしく作り上げたことによると思われます。

それらの源泉は、それ以前の円通寺での修行や諸国行脚《あんぎゃ》にありますが、ここでは主に帰郷してからの良寛の生き方を求め、その足跡を訪ねる旅をしていきたいと思います。

良寛はなぜ帰郷したのでしょうか。良寛は、十二年間の修行を終えた後、五年に渡り乞食旅をします。その間、寺の住職になろうと思えばできたはずです。円通寺の縁や、名主の家であった実家の力を頼れば、どこかの寺に入ることはできたことでしょう。

しかし、良寛は、故郷でも他国でも寺の住職になる意志はありませんでした。それは、円通寺での修行時代の詩に書いたように、「僧は可々《かなり》に清貧なりき」を自分の生き方としたからではないでしょうか。清貧こそが、僧の生きる道とした先人の跡を踏んでいこうと固く決心したからです。

良寛は、おそらく資質として住職の仕事や寺の経営などには向いていなかったのでしょう。おそらく、独りで仏道を究め、その道に徹していく資質だったのでしょう。求道の志を立てたのです。

それでもあえて良寛は帰郷しました。望郷の念を、次のように詩にうたいました。


春帰《ゆ》けども、未だ帰るを得ず、杜鵑《とけん》、ねんごろに帰れと勧む。世途、みな危険なり、郷里にいつか帰らん。

帰郷を逡巡する気持が、ほととぎすに重ねられています。「世途、みな危険なり」は、世のなかが物騒だからという意味ではなく無一文での旅の難しさを言っています。この詩を読むと、良寛のこころにはいつも越後への帰郷の思いがあったことがわかります。

帰郷の思いは、五年もの諸国行脚の旅を通してしだいに強くなっていきました。行脚の途上、今夜は泊まるところがあるのだろうかなどと孤独や不安に苛《さいな》まれながら、底辺の人々の暮らしぶりを身をもって知りました。

それらの人々の姿が、故郷の人々の姿にしだいに重なっていったのではないでしょうか。良寛は、実家の名主職を弟にゆずり、継がなかったことに対して、土地の人々に責任を感じていたはずです。

そこから、帰郷したら村の人々を見守っていきたいという強い気持が生まれたのだと思います。それはまた仏道者としての務めにつながっています。

つまり良寛が、求道の深みへ向かうためには、故郷に戻らなければという良寛の内面の変化が、必要だったのではないでしょうか。故郷の海や山、村人たちと共にいればこそ到達する道と思えたのでしょう。

しかし、帰郷は、それだけの理由だけではなく、推測になりますが、実家橘屋の行く末を見定めていこうという心情もあったのではないかとも思われます。

良寛は三十八歳の秋に、故郷に向かいました。実家のある出雲崎《いずもざき》を通り越し、郷本《ごうもと》まで行って、塩焚き小屋を借りて逗留しました。

理由はわかりませんが、良寛のこころに迷いがあったのではないかと思われます。それは名主を継がなかったという負い目と、僧侶になったとはいえ住職にもならない引け目があり、実家に顔向けできなかったためとも考えられますが、根本的には、僧としてこれからどう生きていくべきかという決意がまだ定まらないので、ひっそりと小屋に住んで、生きる道を探そうと思ったのではないでしょうか。

このような良寛ですが、人々は良寛が住んでいた塩焚き小屋が火事になると、犯人は良寛だと言って穴に埋めてしまったりしました。

だが清貧に過ごし、差別することなく人に接する良寛に好感を持って支援する人も多くなってきました。実家橘屋に知らせに行ったり、国上寺《こくじょうじ》の五合庵が空いているのでと、住まいを世話したりします。

しだいに良寛は故郷で生きていこう、ここが自分の立ち位置だと覚悟を決めていくのです。五合庵に住み、乞食《こつじき》行脚時代と変わらず、ぼろの衣をまとい、托鉢に頼った暮らしを続け、何も持たない姿を人々に見せる日々を送ります。それが自分の役割と心得ていたからです。

このように清貧にこだわる良寛の根源はどこにあるのでしょうか。

終日《しゅうじつ》烟村《えんそん》を望み、展転食《てんてんじき》を乞《こ》うてゆく
日は夕《く》れ山路遠く　烈風髭《ひげ》を断《おと》さんとす
納衣《のうえ》破れて烟《けむり》のごとく　木鉢
古《ふ》りてさらに奇なり　未だ厭《いと》わず
飢寒《きかん》の苦《く》　古来多くかくのごとし

（かまどから煙が立つ村の家々を一日中見ながら、次々と托鉢をして歩きました。日が暮れ、庵へと帰る山道は遠く、風の勢いは髭を吹き飛ばしそうです。衣は破れてぼろぼろです。托鉢用の木鉢も古くなって奇妙な形になってしまいました。それでも自分が飢えや寒さを愚痴る気にならないのは、先人たちの多くが、このように生きて仏道をつないできたからです。）

この詩を読むと、良寛は帰郷しても清貧に身を置いていたことがわかります。しかし、嘆いているようには見えません。そこにはむしろ喜びの気持がありま す。

それは、仏道を人々に伝えるために、安穏な生活に堕落しない道を歩いてきた古《いにしえ》の僧と同じ生き方を実践しているという充足感によるものです。良寛にとって、清貧は美意識であり誇りであり、枯淡や風流に結びつくものとして自ら選んだとも言えなくはありません。

帰郷してからの良寛は、人や自然とこころを通わせ、そのなかでも特に貧しい村人や弱者と共に生きました。慈悲深く、人を許すまなざしを示しました。

良寛は、円通寺での師の国仙和尚による仏陀《ぶっだ》の衆生済度《しゅじょうさいど》と、道元禅師の禅の教えの相承《そうじょう》を帰郷によって展開したのです。ここに至るまでに、国仙和尚による指導と道元禅師への学びが身に泌みて自覚されたのです。

帰郷は、仏の縁であったのでしょう。仏は良寛を越後に使わし、その菩薩行《ぼさつぎょう》を弘《ひろ》く世に行い、千年後も人々の生き方の道しるべになるよう願ったのです。

良寛さん遊ぼ

鉢の子に菫《すみれ》たんぽぽこきまぜて
三世《みよ》の仏にたてまつりてな

この良寛の歌の情景の、なんとほほえましいこと。托鉢の途中なのでしょう。子どもたちは、良寛の鉢の子を取り上げて、摘んだ菫やたんぽぽを入れ、仏を拝むしぐさをしている姿の歌です。

もちろん良寛も、子どもたちと一緒に遊んで楽しんだことでしょう。子どもたちに、「三世の仏」（過去・現在・未来の仏）の話を聞かせて、日が暮れるまで子どもたちと過ごしたにちがいありません。

国学者で旅行家の菅江真澄《すがえますみ》（一七五四〜一八二九）は、そのような良寛のことを『高志栞《こしのしおり》』に書いていています。そこでは良寛は「てまり上人」と紹介されています。それによると良寛はいつも袖のなかに手まりを二つ三つ忍ばせ、子どもを見つけると、袖から手まりを取りだして一緒に遊んでいたようです。

なぜ良寛は、子どもたちとの遊びに夢中になることができたのでしょうか。子どもは、大人の立場で可愛がったり接したりしますと、この人は仲間ではないなと見抜きます。しかし、いったん仲間だとわかると、遊ぼ遊ぼと声をかけてきます。

良寛には、子どもと同じこころがあったのではないでしょうか。子どもは、面子や人の目など気にせずに、あるがままの素直な気持で、無心のなかに生きています。

良寛は、そのことが仏道修行の末に到達する、空・無心の境地と同じと考えます。だからこそ子どもに深く共感し、子どもと一緒にいる時間に喜びを感じたのでしょう。

さらに良寛は、子どもの無邪気な汚れのない姿に人間の本質のようなものを感じ取っていました。それが、詩や歌の表現者としての良寛には重要なことと言えます。

良寛には、大人のこころと子どものこころが一致し、統合されている思考のバランスがあります。それが表出される時、枠やしばりを越えて自由で無心なこころの詩や歌になりました。そのような、歌を挙げてみましょう。

霞《かすみ》　立《たつ》永《なが》き春日に子どもらと
遊ぶ春日は楽しくあるかな

わくわくしながら子どもらと遊ぶのを待ちわびる良寛の心情は、子どものこころそのものです。その上、それを客観的に見ている大人のこころも内在しているようです。そのために、読む人のこころまでわくわくとしてきます。「子どもら」と遊ぶ良寛の姿を、詩情豊かに浮かび上らせてくれます。また、子どもと触れあうこんな逸話も遺《のこ》っています。

子どもたちと競り市場に行った時、立会人が、一貫でどうだ、二貫でどうだと言うかけ声とともに金額が競りあがっていきますが、それを聞いて驚いた良寛の体が後ろへ後ろへとそり返っていきます。

それを見て子どもたちはおもしろがって、「良寛さん一貫」と大声で言うと、良寛は驚いて後ろへそり返り、さらに「良寛さん二貫」と続けると、良寛はまた後ろへそり返り、そこで三貫、四貫と数をどんどん増やしていったそうです。

良寛は何度もやらされて腰が痛くなったので、親にあのような悪さをさせないようにと訴えました。しかし、親は良寛が子どもの相手をしなければよいではないかと言いますと、良寛は、今さらやめられないではないかと言葉を返したそうです。こうして多少辛くても子どもたちにつきあいました。ここに子どものこころと共にする良寛の態度があります。

また、良寛が子どもと遊ぶのには、別な意味がありました。それが、貞心尼の書き遺した『蓮《はちす》の露《つゆ》』に、良寛の語った言葉として次のように記されています。

（略）年貢《ねんぐ》に代わる金を納めなければならない。そのために関東あたりの宿場町に飯盛り女として売られていく女の子がたくさんいるのだ。そうして売られた女の子はろくな食事も与えられず、男の客を取らされるような過酷な労働と病気などで、だいたいが二十歳《はたち》前に亡くなってしまうのだ。そんな過酷な運命が待っている女の子たちに、少しでも楽しい思い出を作ってあげるために、いっしょにまり撞きをして遊んであげているのだよ。

それを、話す良寛の目には、涙があふれていたことでしょう。なにもできない自分をふがいなく思えたことでしょう。せめて故郷にいる時に、「思い出」づくりをさせてあげたいという良寛のこころがひしひしと胸に伝わってきます。

良寛には、このような女の子たちや、現世で苦しむ人々を思いやる歌があります。

墨染のわが衣手《ころもで》の広くありせば

世の中の貧《まど》しき民を覆《おお》はましもの

この「わが衣手の広くありせば」には、良寛の仏道者としての苦悩と悲哀がにじみでています。同時に、「覆はましもの」に至ると安心するような心地になります。良寛の貧しい人々への慈愛の深さが理解できる歌です。

良寛は、清貧の僧ですから、金品を貧しい人々に与えることはできません。けれども人々のこころに寄り添い、悩みや苦しみを聞き、生きる支えになってあげたのです。それが良寛の衆生済度《しゅじょうさいど》だったのです。

私はふと思います。他国に奉公に行った薄幸な女の子たちは、辛い勤めのなかで、良寛とまり撞きをしたり、かくれんぼをしたりしたことを思いだして耐えていったのではないでしょうか。

たった一つの慰めに、良寛さん遊ぼ、良寛さん遊ぼと、故郷の空に向かってそっと呼びかけていたのではないでしょうか。その声は、時空を越えて良寛に届いたことと思えます、悲しみを知る観世音菩薩なのですから。

貞心尼の幻に

令和四年の初夏、長岡良寛の会会長安達武男氏からご案内をいただき、晩年の良寛の法弟で知られる貞心尼のブロンズ像が、草庵のあった閻魔堂《えんま》（長岡市福島）の前に建立されるとのことで、その除幕式に出席しました。

同じ日に、没後百五十年忌の法要があり私も参加しました。こころ静かに畏《かしこ》まって読経を聞いていますと、なんと貞心尼が凛としたお姿で座っていらっしゃるのを見たような気がいたしました。

思わず私は、合掌をし礼拝《らいはい》をしました。もしかしたら、長年貞心尼に魅せられてきたため幻を見たのかも知れません。

貞心尼の生涯を思うと、そこに女性の生きる姿が浮かび上ってきます。自分の人生を全うしようと決意した貞心尼に何が起きたのでしょうか。それを問うてみることが、貞心尼を理解するのに大切なことだと思われます。

貞心尼は、寛政十年（一七九八）、越後長岡藩士、奥村五兵衛の二女、幼名マスとして生まれました。三歳の時、母と死別し、継母に育てられました。

マスは、文学少女で、学問に励んでいました。それは次の記述にうかがえます。

「貞心尼ハ幼ニシテ母親ニ別レ、（略）筆墨紙ヲ求メ学文《がくもん》ヲヤラレタルトノ事。囲炉裏ニ茅《かや》ヲ焼クニ手拭ヲカブリ炉ノ中ニテ灰書キシタルモノナリ」（柏崎市立図書館中村文庫「浄業余事」）

このような熱心な勉学が、マスに歌を詠《よ》むこころを培い、さらには、歌を詠むことを通して自分らしく生きたいという思いを強くしていきました。

マスは、十七歳で医者の関長温《せきちょうおん》と結婚しますが、九年余りで破綻します。それは、子ができないという理由で、マスが自ら身を引いたと見られていますが、医者の妻としての切り盛りをするような性格ではなかったようです。むしろ、和歌や物語を読むことに、こころが動かされていたのかもしれません。

マスの資質は、文学にあったのだと思います。さらに推測しますと、婚家を出たのは、自分の求めている精神生活はいったいどこにあるのだろうと自問した結果だと言えるかも知れません。

夫婦となり、それなりに安定した生活を送っていても、自分のなかにいのちの寂しさといった根源的な感情があるのに気づき、何をしてもこころが満たされることはありませんでした。それが自分探しの旅へと向かわせたのだと思われます。

そして、出家を選び、仏に救いを求めたのです。その境遇は、良寛と同じように考えられます。

マスは、二十三歳で剃髪し、禅宗の尼になりました。貞心尼の誕生です。その後、長岡在の福島閻魔堂に移り、独り修行に専念してました。仏道を学ぶという決心は堅固で揺るぎのないものとはいえ、食を得るために托鉢《たくはつ》に頼るほかありません。さらに独り住まいです。庵にいても、危険な目に遭うことも考えられます。それでも貞心尼は、たじろぐことなく意志を貫きます。ここに貞心尼の真の自立があり、自己実現に向かう姿勢が見て取れます。

貞心尼の修行が七年目を迎えたその年、前夫の関長温が亡くなったとの知らせを人づてに受けます。貞心尼は、胸が張り裂けるほどの悲しみに暮れたと言われています。前夫が生きていてくれるだけでこころの支えとなり、修行に打ちこめたのです。

貞心尼は、晩年に前夫・関長温と親交のあった小出嶋村の漢方医、寒江《さがえ》惟春《いしゅん》を訪ね、別れる時に次のような歌を詠みました。

やよしばしさほさしとめよ渡し守
それかあらめかほととぎすなく

見送ってくれる惟春の許を去りがたく、船頭さん少し舟を止めてくださいと言いたい気持なのですが、それもできないですよと、ほととぎすが鳴いています、という意味に取れます。貞心尼は、いつまでも手を振り続けていたことでしょう。

貞心尼は、惟春に長温を重ねていたのではないでしょうか。この時、貞心尼は七十二歳、亡き夫に別れを告げる心情であったと思われます。それが、「さほさしとめよ」という言葉になって胸からほとばしり出たと思われます。あるいは、「まもなく長温様のもとに行けますよ」と伝えたかったのかも知れません。

こうした貞心尼の一生をたどってみますと、女性の自立を尼僧という生き方で豊かに示してくれたように思われます。それと同時に、尼僧に成るべくして成ったとも言えるのではないでしょうか。

それは求道《ぐどう》に導かれる縁であったからです。幼い時の母との死別、継母との関係、懸命に励んだ勉学、関長温との結婚と離別といったことすべてが縁につながっていたのです。

そして出家後、貞心尼は仏道と歌を学びます。それが、良寛との縁につながっていき、さらなる修行となり、貞心尼は精神を豊かに成熟させていきました。まさに仏縁につながれた尼僧の雲水の生涯でした。

涙の祈り

人の子の遊ぶをみればにはたづみ
流るる涙とどめかねつも

良寛は涙の人です。この歌は、良寛が子を失った親の気持を汲んで詠じたものです。人の家の子どもが、元気いっぱい遊んでいるのを見ていると、亡くなった子どもの姿が重なってきて涙が止まりませんということです。

良寛は、人々の暮らしや悲しみに涙しました。特に子を亡くした親に対しては、止められない涙をどれだけ流したことでしょう。

その良寛の涙には、乞食《こつじき》僧の身では何もできず、ただ見守ることしかできないという情けなさも混ざっていたと思われます。

良寛が子どもの死を詠んだ歌は数多く伝わっています。東郷豊治はその著、『良寛歌集』「六五　哀傷」でこう述べています。

「感動させられることは、彼は和歌を詠めない人々、とくに愛児に死別した文盲の親たちに代わって、自分でかずかずの歌を詠んでいることである。しかも、それらの歌を親たちに与えて慰めるのではなしに、時には自分で詠んで、親心を察して、一人で泣いていることである。」

この「時には自分で詠んで、親心を察して、一人で泣いていることである」に、良寛の深い愛語のこころの慈悲が感じられます。

良寛は、仏道を学ぶ、自分のことは忘れ、親の切なさを自分の切なさとし、涙に暮れて詠じました。それは涙の祈りだったのです。その祈りの姿は菩薩そのものです。

それは良寛の愛語であり、それを感じさせる歌を挙げて見ます。

歎けども効《かひ》なきものを徹りもせで
又も涙のせきくるはなぞ
思ふにしあへずわが身のまかりなば
死出の山路にけだし会はむかも

もし親がこの歌を知ったら、子どもの死を悔やみ、共に涙を流してくれる良寛に、こころが癒されたことでしょう。人は同じ思いを持ってもらうことで、共感と慰めを得るからです。

子どもを失った親の気持を察した良寛の歌は、普遍です。その歌を、二〇一一年三月一一日に発生した大地震・大津波で子どもを亡くした親たちに届けたい思いです。

私は、東日本大震災十三回忌慰霊（石巻市大川小学校）に参加しましたが、十二年が過ぎ去っても親の悲しみは消えることはありませんでした。その悲しみを、良寛の愛語の涙が受容し、生きる力になってくださると信じています。

良寛は、様々な出来事に涙の祈りをささげています。その一つが、維馨尼《いきょうに》です。いつ読んでも、胸を打ちます。維馨尼は、与板の豪商大坂屋三輪家の娘きしです。夫と死別し徳昌寺にはいって、虎斑《こはん》和尚の法弟になり、維馨尼となりました。

維馨尼は、良寛の親友、三輪左一《さいち》の姪《めい》にあたります。良寛は、左一を介して、きしと知りあい、思いを寄せたようです。それは初恋の人でしたが、思いを伝えることもなく、長い間、二人は会うことはありませんでした。

維馨尼は、師の虎斑和尚が『大蔵経』を購入する費用が不足していたため、江戸に托鉢《たくはつ》に出かけました。それを知った良寛は、あの虚弱な体で厳冬の寒さのなかを一紙半銭《いっしはんせん》を托鉢して歩く維馨尼に手紙を送りました。

君蔵経《きみぞうきょう》を求めんと欲《ほっ》し
遠《とお》く故園《こえん》の地《ち》を離《はな》る
吁嗟《ああ》吾何《われなに》をか道《い》はん

天寒《てんさむ》し自愛《じあい》せよ
十二月二十五日

この手紙を書いている良寛の気持を察すると、その胸が潰《つぶ》れんばかりではなかったでしょうか。

だが維馨尼は、江戸から帰郷後、体調を崩し、五十八歳でこの世を去りました。良寛は、維馨尼との出会いや、五合庵で語りあった時の思い出に涙に暮れたことでしょう。その想いを、長歌にしました。

夕《ゆう》さりくればさすかけて／つま木たちつつ山たづの／向かひの岡に小牡鹿《さおしか》の／妻呼びたてて鳴く声を／聞けば昔の思ひ出に／うき世は夢と知りながら（前後略）

夕暮れになったので鍵をかけ、炉に小枝を燃やしながら、向かいの岡で雄鹿《おじか》が雌鹿《めじか》を呼んで鳴く声を聞くと、昔の思い出がよみがえる。この世の、はかなさを知りながらも、と嘆いたのです。

良寛のこころに維馨尼は生き続けたことでしょう。うがった見方かもしれませんが、維馨尼への想いは、道元禅師の言う「高き色《いろ》に会わんとおもう」（素晴しい女性に会いたいという心の高揚を仏法に対してもつこと）とも思われます。「色」は、良寛にとって維馨尼でありました。それは、維馨尼にあこがれることで、より仏法にあこがれることにつながっていくと考えられるからです。また、良寛の詩には、こころで泣いて涙の祈りを唱えたものがあります。それを味わいたいと思います。

由之《ゆうし》と酒を飲み楽しむこと甚《はなは》だし
兄弟《けいてい》相逢う処《ところ》、共にこれ白眉《はくび》垂《た》る
かつ喜ぶ太平の世を、日々酔《よ》って痴のごとし。

良寛が四十七歳の頃、弟の由之は、町の使途不明金問題で訴訟の判決を受けて、所払いになり与板に隠棲します。それ以来互いに心配しながらも会うことはありませんでした。

その兄弟が再会しました。良寛はうれしさの反面、名主職を弟に押しつけて出家し、家を投げだしたことへの良心の呵責《かしゃく》と弟への負いめ、そして実家橘屋の有為転変《ういてんぺん》への思いが交錯していたことと思われます。

それらの心情からあふれる涙を堪え、ひそかに胸のうちに流したのでしょう。それが「かつ喜ぶ太平の世」、無事な暮らしで何よりとの表現になったのでしょう。

由之が、兄の良寛から託された橘屋をつぶしてしまって、すまないという思いを一生持ち続けていることは、良寛にはわかっていました。そのため涙をこぼしたら、由之に気持の負担を掛けさせてしまうのではないかという兄としての思いやりでした。

二人は互いの気持をわかりあい、こころゆくまで酒を酌み交わしたのです。そのようすが、「日々酔うて痴のごとし」でよく伝わってきます。

良寛と由之は、両親や子ども時分のことなどを語りあったことでしょう。共に晩年に、同じ思い出を語れる幸せをかみしめたことと思います。この「白眉垂る」再会後、数年して兄の良寛が逝き、その後弟の由之が逝きます。

良寛のこの詩から、運命に流された弟由之への慈悲と愛語が痛いほどこころに沁みてきます。由之の境遇について、責めるのではなく由之の立場に立っていました。

その立場から、良寛は兄として由之の行く末の幸せを願ったのです。良寛の、人々に関わる視点は、肉親にも現れているのです。まさに涙の祈りです。

二人はあの世に行っても、兄さん一杯やりましょう、弟よ、今夜は飲み明かそうなどと楽しく会っているのでしょうねえ。

蓮の花の愛語

良寛は愛語の人です。その愛語を、晩年に法弟となった貞心尼に身を持って示した歌があります。良寛と貞心尼の唱和の歌は数多く遺《のこ》っていますが、それらのなかでも特に、次の歌に良寛の愛語のこころを見る思いがします。

御響《みあえ》するものこそなけれ小瓶《こがめ》なる
蓮の花を見つつしのばせ　（良寛）

ある夏の日、良寛は貞心尼と会う約束をしていたのでしょう。今か今かと待ちわびているうちに、何か急用が起きてしまい外出しなければならない羽目になってしまいました。

良寛は思案をめぐらし、勝手間にある小さな瓶《かめ》に蓮の花を一輪生けて置きました。それは、良寛のこころ尽しであり、会えなくなったことを詫びる気持も添えてあったことでしょう。

だがそればかりではないと思われます。蓮の花は泥のなかから芽をだし、清浄な花を咲かせます。それは人が、様々な苦しみを乗り越えて達する境地と同じです。

それを良寛は貞心尼の姿に見たのではないでしょうか。それで、蓮の花が一番ふさわしいと考え用意したのだと思います。その時の良寛の気持が察せられます。

良寛は、貞心尼に愛語という思いやりのこころを捧げ、それによって師の良寛の愛語が、貞心尼に伝えられたことを意味するのです。

言いかえれば、うがった見方かもしれませんが、良寛が生けて置いた「蓮の花」は、法弟の貞心尼に与えた印可《いんか》の偈《げ》（修行成就の証明）とも考えられるのです。

かつて師の国仙和尚が、良寛に印可の偈の印として授けた藤の杖のようにです。

貞心尼は、夫の関長温《せきちょうおん》との離別後、実家に戻るわけにもいかず、並々ならぬ苦労をし、生きる迷いを日々抱えて暮していたと思います。それが良寛と出会って、仏道や歌の薫陶を受けながら、仏法の修行の成就に至ったと思われます。それを物語る歌があります。

いづこより春は来しぞと尋めれど
答へぬ花にうぐいすの啼く　(貞心尼)

どこからか春は毎年やって来て、花は咲きうぐいすは美しい声で鳴きます。そのようなあたり前のことが仏法の真理なのですね。そう貞心尼は悟ったのです。そのことを師の良寛はわかっていたのでしょう。

貞心尼は、良寛の法弟として仏の教えを学び、こころが救われ、生きる意味を知ったのです。良寛の愛語という春風のような愛心で包まれたからです。

それによって何事もあるがままに受け入れて、仏のこころにまかせて生きていこうという良寛の生き方に近づいていったのではないでしょうか。

貞心尼は、良寛が生けた蓮の花を見た時、どれほどありがたく思ったことでしょう。それを崇めながら、良寛が、蓮の花に化身し迎えてくださったかのように思えたのではないでしょうか。

誠に真心の蓮の花の愛語です。それは貞心尼の、こころの底まで沁みわたったことでしょう。貞心尼は、愛語には愛語のこころを持って歌を詠み、そして返していくのです。

来て見れば人こそ見えね庵守《いおも》りて
匂ふ蓮の花の尊さ　（貞心尼）

これは良寛が謹書した道元禅師の『正法眼蔵』に書かれている「愛語ヨク廻天ノ力《チカ》ラアルコトヲ學スベキナリ」から来ていると思われます。良寛の愛語は、貞心尼の全身に伝わり、「廻天」し、新たな愛語を呼び起こしたのです。

それが師の良寛を奉る《たてまつ》「花の尊さ」になり、また「人こそ見えね」で、良寛を案じるかの心情と取れる表現になっていきました。まるで二人は蓮の花になって響きあっている姿に映ります。香るような愛語の唱和です。

良寛はいかなる時でも、いかなる土地でも愛語を散華して行脚《あんぎゃ》をしています。令和の時代になっても良寛の書や詩歌が散華して行脚を続けています。

そして貞心尼も、その著『はちすの露』をもって、良寛の後を追って愛語の行脚をしているのです。それはいつか私たちのこころに廻天をもたらし、蓮の花の愛語が次から次に生まれてくるのを誓願しているからと思います。それが二人の遺言と私は思っています。

清清《すがすが》しく包まれて

良寛の詩歌や逸話を読むと、こころが清清しくなって生きる上での気づきをもらいます。そこにはありのままに自分を見つめ、苦しむ人々の現実と共に歩む仏のまなざしが現れていると思われるからです。

それが私たちのこころの汚れを洗ってくれるのです。詩歌の情景が遠く近く浮かんできて、私たちがその一部になったように静謐で優しい心持ちになってくるのです。

そのような変容をもたらしてくれる良寛の生き方の原点と背景を、いくつかの例を取りあげて探っていきたいと思います。

我が生何処《いずこ》より来り、去りて何処にかゆく。（中略）尋思《じんし》するも始めを知らず、いずくんぞよくその終わりを知らん。現在もまたまたしかり　展転《てんてん》してもすべてこれ空《くう》。空中《くうちゅう》にこそ我あり、いわんや是と非とあらんや。些子《さし》を容るるを知らず、縁に随《したが》ってまさに従容《しょうよう》たり。

（自分の生はどこからきてどこへいくのか、その始まりも終わりも知りません。縁によって転変する生もつかみようがない。その中に自分という存在があるのだから、今の縁をよしとして大切に生きるだけです。）

この詩は、円通寺を去って五年後の諸国行脚も終わりに近い頃の作のようです。良寛は、この先どう生きていったらいいのか苦悩し、行脚の五年の月日を通して「空中にこそ我あり」という心境に行き着いたと思われます。

それは、空を生き生かされている自己こそ輝くのであり、さらにどのように輝かせていくのかを求めていくということです。それが求道により深く、向かわせることになるのでしょう。

良寛は、諸国行脚で、仏道との対話、自己との対話、道中での自然との対話をしたのでしょう。そして、貧しい人々の暮らし向きをつぶさに目にしたのだと思います。それらを通して、良寛は今までとは違ったものが見えてきたのです。

五年間の諸国行脚は、良寛にとって本当の自分、ありのままの自己に出会う旅でした。それは越後に帰ってから、良寛の実践がますます深められていったことからもうなずけます。次のような逸話があります。


田植えの時期、良寛はある知人の家で、こころを病んだ智海《ちかい》という僧に出会いました。智海は、だれからも尊敬されている良寛に妬みを持って、突然良寛を自分の帯で打ちはじめました。良寛は、抵抗もせずに打たれるがままにして黙っていました。

それを見た知人は驚き、すぐに止めに入り智海を追いだしました。その夕方、雨が降ってきました。それを見た良寛はこう言いました。

前の僧は雨具を持ちしや

智海に憎しみを抱いて当然なのに、良寛は、「雨に濡れて辛い思いをしているのではないでしょうか」とこころから案じているのです。

このような情けと愛語のこころを抱けるのはなぜでしょうか。良寛に、自分も世のなかの弱者で同じ立場なのだという認識があったからではないかと思われます。それが受容のこころになっていったのです。

事実、良寛は、僧の格好はしていても、生活はどん底暮らしです。そこから人間存在の無明《むみょう》を見据えていたからこそ、邪念がない愛語になったと言えます。

そんな暮らしのなかで、良寛は自然そのものになったような透き通った感覚の歌を詠じています。

山かげの岩間《いわま》を伝ふ苔水《こけみず》の
かすかに我はすみわたるかも

托鉢から帰る途中に清水が湧き出ているところがあって、喉が渇いたときはよくその水を飲みました。冷たくて身もこころも洗われるような雪解けの水です。そんな自然のありがたさに身をおいていると、「我」はすっと融《と》けていって、「苔水」になっていくようですと詠じています。

良寛が、自然のなかにたたずみ無心の境地になっているからこそ感じられることではないかと思われます。その無心の境地が、私たちのこころに深く響いてくるのです。

それを思わせる、次のような歌もあります。

鳥は鳴く四方《よも》の山辺《やまべ》に花は咲く
春の心ぞ置き所なき

良寛は、厳しい冬が終わり、待ち遠しかった春が来ると、もうじっとしてはいられません。あちこちの野山を歩き、「鳥」の声を聞き、たんぽぽ、すみれなど咲く花を愛でながら忙しく歩き回ります。そんな弾む「心」の「置き所」はないのです。

この歌は、孤独のなかに身を置き、自分の内面の「心」の動きを見つめて書いたものです。それを読む私たちも、良寛と「四方の山辺」を見ているようです。春を迎えた喜びが伝わってきます。無心の境地を感じます。

良寛には、胸がしめつけられるように泣いた時があります。それを物語っている逸話が伝わっています。

良寛は、弟の由之《ゆうし》から、甥の馬之助の放蕩三昧を諭してほしいと頼まれます。良寛は実家に足を運んで、甥を前にしますが言葉は出てきません。そのまま二日がたち何も言えないまま、三日目に実家を去ろうとして、上がり框《かまち》に腰をかけ、馬之助を呼んで「わらじの紐を結んでもらえないか」と頼みました。馬之助が、しゃがみこんで紐を結ぼうとすると、首筋に冷たいものが落ちてきました。なんだろうと思って目を上げると、良寛は泣いていたのです。涙がこぼれていたのです。それを見た馬之助は、こころを改めることを誓いました。

良寛はさぞ辛かったことでしょう。心中では、家業を継がなかった自分は説教などできる立場にはないという意識があったと思います。だが馬之助のことは、心配でたまらないのです。そんな心情が、ないまぜの悲しみとなってあふれる涙になったと思います。この良寛の涙は、愛語のこころでしょう。

考えてみますと、良寛の慈悲行は、どこか痛みがともなう悔やみがあるように思われてなりません。それは、世を捨て、家を投げだしたことへの悔やみです。もちろん円通寺での修行や、そこで学んだ『正法眼蔵』の「愛語」や、諸国の行脚の経験が慈悲への相乗をもたらしているのは明白です。

けれど、生家橘屋《たちばなや》の消滅は、良寛の一生に強い懺悔《さんげ》の気持を持たせたのではないでしょうか。それがあることによって、今までの修行や知識が血肉化され、それが真の慈悲にならしめたと言っても過言ではないでしょう。

良寛は、人の世の辛さ、苦しみ、はかなさに、私たちと同じようにもがき、嘆《なげ》きました。そこからどのように生きていくかを、自らの姿で示してくださったのです。

遊戯《ゆげ》の名残りを

別れては立ちも帰らぬさす竹の
君がかたみの我身悲しも

この歌は、良寛遷化《せんげ》（死んであの世に移られた）後、貞心尼が詠じた一首です。この歌を目にするたびに、貞心尼の哀惜の深さが伝わってきます。察すれば、師の良寛を失った茫然自失から少し時がたち、悲しみに暮れる心情を見つめて、しみじみと自分は師が残してくれたかたみであると思えてきたのではないかと思います。

ではなぜ「君がかたみ」と言い切ったのでしょうか。その言葉に少しでも迫まっていければと思います。このように貞心尼が「かたみ」という思いを抱くに至ったのは、そこまでの道のりがあったのではないかと想像できます。

それを追っていきますと、良寛と貞心尼の歌から見えてくるのは、遊戯です。私たちはそれらの遊戯に思わずほほ笑みがこぼれたり、胸が温かく包まれたりします。遊戯とは、広説佛教語大辞典（中村元著）によると、菩薩《ぼさつ》の自由自在な活動で、仏国土から仏国土へと自由に移動すること。仏の境地に達し、それに徹して喜び楽しむこと。こころのままに無礙《むげ》自在《じざい》、ゆききする執着のなきことなりとあります。

そのような遊戯を、歌のなかに訪ねていきましょう。

貞心尼は、始めて良寛に会うために木村家を訪れたのは、文政十年（一八二七）です。だが良寛は留守でした。そこで貞心尼は、土産の手まりと歌を添えて木村家に言付けを頼みました。それが次の歌です。

これぞこの仏の道に遊びつつ

つくや尽きせぬ御法《みのり》なるらむ

「仏の道に遊びつつ」と書いて手まりを添えて託した真意は、無量無辺の仏の道に、遊戯のこころで至るために手まりを撞くという意味なのですね。それは、どうぞ仏法を教えてくださいという願いなのです。また貞心尼が、生きてゆく辛さ悲しさを乗り越えて行き着いた気づきであるとも思われます。

秋も深まった頃、良寛は、貞心尼へ次の歌を返しました。

つきてみよ一二三四五六七八九《ひふみよいむなやここ》の十《とお》
十《とお》とをさめてまたはじまるを

ここにいう「つきてみよ」には、まりを撞いて見なさいという意味が込められています。そして、「十とおさめ」たら、また始めから満月のごとく円《まる》い仏心に近ずくために繰り返すのですと教えています。良寛は、手まりの円を法華経《ほっけきょう》から円満（みたすこと、成就すること）、円頓《えんどん》（欠けることがない）と見ていました。

貞心尼は、弟子として認められたのです。

良寛にとって、貞心尼の出現は胸弾む出来事でした。同じ仏道を志す立場にあって、かつ歌の唱和もできる弟子を得たことは、晩年の良寛の大きな生きがいになっていきました。

良寛と貞心尼は、同じ年の文政十年（一八二七）に木村家で対面しました。そこで貞心尼は、夜が更けても良寛の仏道の話を熱心に聞いていました。心配した良寛は、次の歌を詠んで帰りを促しました。

心さへ変はらざりせば這《は》ふ蔦《つた》の
絶えず向かはむ千代も八千代も

仏道を修めたいと言うあなたの心さえ変わらなければ、蔦が這うように絶えず向かいあって、千年でも八千年でもお話しをしたいものですと言っています。そこには良寛の喜びがうかがわれますね。
その後、良寛は互いに共鳴しあった貞心尼に、自分の仏道を余すところなく注いでいきました。それは楽しいひとときでもあったことでしょう。そのような場面が様々なところに見られます。
次の唱和にも、それがあるように思われます。まず貞心尼がうたいかけます。

山がらす里にい行《ゆ》かば子がらすも
誘《いざな》ひてゆけ羽根弱くとも

山がらすのお師匠様が、里に行かれるのであれば、足手まといになるかもしれませんが、子がらすの私も一緒に連れていってください。そこで良寛が返します。

誘ひて行かば行かめど人の見て

怪しめ見らばいかにしてまし

誘って行けば行ったで、人が私たちを見て変に思ったならばどうしようかのうと何とも軽妙で、酒脱なやりとりに、思わずぽんと手を叩いてしまいます。融通《ゆうずう》無碍《むげ》の二人です。

さらに、まさに仏の境地の手まりの戯れ遊びと思えるのが次の唱和です。貞心尼が尋ねます。

歌や詠まむ手まりやつかん野にや出む

君がまにまになして遊ばむ

お師匠様、歌を詠みましょうか、手まりを撞きましょうか、それとも野に出て遊びましょうか。それに良寛はこう返します。

歌も詠まむ手まりもつかむ野にも出む
心一つを定めかねつも

どうしようかね、貞心さんと歌も詠みたいし、手まりも撞きたいし野遊びもしたいね。どれも楽しそうで、どれか一つに決めるのはむずかしいねと、決めかねることそのものを遊んでいます。二人は、何のこだわりもなくこころのままに生きています。

これらの、遊戯あふれる唱和がなぜか良寛の次の歌に重なってきます。

風は清し月はさやけしいざ共に
踊り明かさむ老いの名残りに

これは、貞心尼のことを詠じたのではないと思いますが、二人の触れあいがこの歌に象徴されているように思われてなりません。

「風」と「月」は、良寛と貞心尼に思われます。二人は、さわやかに吹く風のように、また澄み渡る月のように「踊り明かして」います。時に師と弟子として、時に互いの思い人としての姿に映ります。

良寛は、来世に貞心尼との遊戯の名残りを土産に旅立っていこうと思ったのでしょうね。同時に貞心尼のこころにも、良寛の名残りが深く残されたのでしょうね。それは良寛の仏道が、かたみとして伝えられたことを意味しています。

貞心尼は、良寛の精神といえる清貧を守り、師と同じように托鉢をし歌を詠み慈悲に生きました。まさに仏法僧縁の師弟でした。

病を修行する

人はいつかは自分の命の最期を迎えます。その最期までどう生きればよいのでしょうか。それを、良寛の晩年の生き方から考えていきたいと思います。まず良寛が、どのように晩年の自分と対峙したのか、またそこからどんなこころを詩歌に遺《のこ》してくださったのかを見ていきます。

一身寥々《いっしんりょうりょう》、枕衾《ちんきん》にふける　夢魂幾回《むこんいくかい》か勝游《しょうゆう》を逐《お》う。今朝病《このあさやまい》より起きて江上《こうじょう》に立てば、無限の桃花《とうか》、水に随《したが》って流る。

この詩は、「病より起く」と題されています。春先に病気になり、熱にうなされ、「夢魂」があちこちを遊びあるいた。朝になって、ようやく落ちつき、ふらふらと起き上がって小川のほとりに立ったら、たくさんの桃の花びらが川面に流れていたという内容です。

この頃、良寛は、木村家の裏の庵に住んでいましたが、すぐ近くに小川が流れていたようです。その川面に浮かぶ桃の花びらに己れの命を重ねたのです。

これは、良寛が、自分の命が枯れ、花びらが散るかに自然に帰ろうとしていることを感受しているのでしょう。良寛は、自らの病を見つめ、それを修行の場にしているのです。

そのような場は最期が迫るまで続くのです。それが次の手紙からもうかがえます。

昨夜五時《いつつじ》分《ぶん》丸薬《がんやく》を服候《ふくしそうろう》。夜中《やちゅう》四たびうら（厠）へ参り候。初《はじめ》はしぶりて少々くだり、二三度目はさっさとくだり、四度目は又少々くだり候。腹いたみ口の中辛《から》く且《か》つ酢《す》く候。今朝《けさ》はみなよろしくなり候。今朝はふせり候へて参上《さんじょう》

不仕候《つかまつらずそうろう》。さようにおぼしめし可被下《くださるべくそうろう》。以上。八月十六日

これは「宗庵老」へ宛てたものです。宗庵とは、文面から見ると月潟《つきがた》村辺りの医師ではないかと推測されています。良寛の晩年の病状は、ひどい下痢を伴なっていたと言われています。

だが「今朝」はだいぶよくなったので、「参上」はしませんと書いています。それにしても症状をこれだけ詳しく述べていることから良寛の苦しみが思いやられます。

このような苦痛のなかで、身の状態を客観的に見据えて対象化し、言葉で表現しています。精神力の強さがわかります。それは真の禅僧であり、詩人と言えるでしょう。

病を見事に生き、病む時は病むことをここでも場として修行しているのです。さらにもう一つ見えてくるのは、苦痛を言葉にする時、苦痛自体を自然そのものとして観察していることです。良寛の死生観の現れだと思われます。

良寛にとって自然に還る死は、母の懐に返るということなのでしょう。それが、母をうたった歌に感じられます。

たらちねの母がかたみと朝夕に
佐渡の島べをうち見つるかも

良寛が備中玉島にいる二十六歳の時に、母おのぶは亡くなります。そして、玉島に旅立つ時、母を思う詩を遺《のこ》しています。

たらちねの母に別れを告げたれば
今はこの世の名残《なごり》とや　思ひましけむ涙ぐみ
（前後略）

良寛の円通寺での修行は、母がこころの支えになっていたことでしょう。母おのぶの生まれ故郷は、佐渡です。その佐渡を「母がかたみ」と思い、「朝夕に」見つめているのです。

この頃、良寛の体調は思わしくありませんでした。自分の命はもう長くはないと知っていたと思います。良寛は、母そのものである佐渡の島に、自らの魂が抱かれることを願っていたのではないでしょうか。

それは、良寛のこころが物事との対立関係ではなく、人間と自然とを観照する境地に至っていたからです。もうそこには、良寛という自己はいないのです。生き方の極致を知る思いがします。

良寛は、天保二年（一八三一）一月六日に息を引き取りますが、遷化《せんげ》する直前まで自分のこころを言葉で表現し続けました。

辞世として、正月の五日に、親しい人たちにこの世の形見にと述べて歌をうたいました。

形見とて何か残さん春は花

山ほととぎす秋は紅葉ば

今生《こんじょう》の別れに臨んで、何を残したらよいでしょうか。残したいものは、春は花、夏は山のほととぎすと、秋は紅葉《もみじ》ばですと言い、その風景をなつかしそうに目に描き、良寛はうたったように思われます。

この歌は、良寛一代の傑作と言われる名歌ですが、この歌にも人間は自然の一部であり、そこにいずれ命が還っていくという良寛の死生観が明確に現れていまます。

さらに思いを深くすると、春には良寛がたんぽぽやすみれになって、野に咲き人々に喜びを与え、また夏にはほととぎすになって味わい深く鳴き、人々のこころを潤してあげたい。そして秋は鮮やかなもみじ葉になり、精いっぱい輝いて一日一日を生きていってもらいたいと願う気持が、この形見の歌から伝わってきます。

良寛はこの世を去っても、迷いに生きる私たちと共に歩んでくださるのです。

そう思えるのは、良寛という命の存在が詩歌を通して私たちを包含してくれるからではないでしょうか。それにより、安らぎを得て苦難の現世の旅の道連れに感じられるのです。

ここまで、良寛の晩年を断片的にたどってきました。そこから気づいた点は、老いと病に襲われても、良寛は、それをあるがままに受け入れているということです。

さらにそれを文字にして表し、自分のこころを確認し、己れを見ています。そこから、命の現実とこころの有り様を再び確認しているのです。それは、最期まで人生修行をしている姿と言えるでしょう。

そのような生き方を知ることは、今を生きる強さにつながってくるのではないでしょうか。良寛の晩年の精神を享受することは、私たちのこころの終活の座標軸になるとしみじみと思うのです。

遺偈《ゆいげ》からのメッセージ

良寛は、五十代・六十代・七十代の時のことを遺偈（詩）として書いています。その遺偈を読むと、良寛が仏道に向かって歩み続けてきた跡が見えてきます。さらに、境地の変遷もわかってきます。良寛のこころは、折々の四季に映されて無心で風流な世界を形つくっています。それがそれぞれの遺偈の清浄感となって、見る人の気持を洗い、しだいに来し方を顧みさせてくれます。まず五十代です。

首《こうべ》を回《めぐ》らせば五十有余年、是非《ぜひ》得失《とくしつ》、一夢《いちぼう》の中《うち》。山房の五月、黄梅《おうばい》の雨。半夜蕭々《しょうしょう》として、虚窓《きょそう》に灑《そそ》ぐ。

この「五十有余年」は、「一夢の中」とあるので良寛は浮き世の様々な事柄は夢幻でしかないと見ています。これは今までの仏道の歩みによって悟った境地であり、さらに「是非得失」にはどこか批判的な目と許しの感情が感じられます。このような、視点を示す逸話を次に挙げてみます。

良寛がある茶屋で、ニシンの煮物で昼食を食べていた時、ある若い僧は、お茶漬を食べていました。若い僧は、「生臭ものを平気で食べるようなこんな坊主がいるから仏法は廃《すた》れるのだ」とつぶやいて、良寛を見たのでした。

その日の晩、良寛は昼間の若い僧と相部屋になりました。ところが蚊がいて、若い僧は眠れません。良寛を見ると、ぐっすり眠っています。

朝になって、若い僧は、蚊がいるのによく平気で眠れましたねと良寛に言いました。すると良寛は、ニシンが平気で食べられるようになれば眠れますよと答えたそうです。

このことは、良寛が形や規制などの表層的なルールにこだわるのではなく、物事の真実とは何かに目を向け、形式や立場で自分を飾り、立場を守ろうとする人々への批判的な目を持っていたのは確かです。

それでも良寛は、ニシンと若い僧の逸話でもわかるように、自分の価値観を無理に押しつけたりはせず、また否定することもなく、すべてを許す寛容さと慈悲深さを持っていました。

そして遺偈は、「山房の五月、黄梅の雨」が「半夜蕭々《しょうしょう》として、虚窓に灑《そそ》ぐ。」と続き、美しく静謐な情景が映しだされ、私たちをその情景に包み込んでくれます。

この自然描写のなかで、良寛は黄梅や雨に在る仏性を思い共生をうたっています。仏性とは、道元禅師が言うようにその有り様そのものが仏であるということで、それがあるために見る人のこころは慰められ、生きる力を与えられるのです。良寛の詩や歌に、山川草木がうたわれているのは、それが良寛の精神の一面を培っていったからではないかと思います。

良寛は、人は自然に消えていく存在だと思っていたようです。そこに諸法実相という、仏のこころのあるがままの世界に生きている良寛の生き方が浮かび上ってきます。六十代ではこううたいます。

六十四年　夢裏に過ぐ、世上の栄枯は、雲の往還《おうげん》。巌根《がんこん》も穿《うが》たんと欲す、深夜の雨、燈火明滅す　孤窓の前。

良寛は、世の「栄枯」は、「雲の往還」だと言っています。雲は刻々と変化していきます。さわやかな晴れ間になったかと思うと、真っ黒なぶ厚い雲が空を覆い、人の気持を不安にさせたりします。

その様子は、世間の栄枯盛哀に重なっていきます。良寛は六十代の時に、生家橘屋は没落していますが、そのことを表現したようにも思えます。

橘屋は、良寛の四歳下の弟、由之《ゆうし》が継いでいましたが、権勢にかげりがでていました。由之は、他の名主や町年寄りの政略的な動きを阻止し、権勢を盛り返そうとして公金横領に手を染めたりしました。その結果、町人たちから訴えられ、財産没収及び所払いの処分を受け、名家橘屋は取りつぶされたのです。

良寛は、それを知りながらも、どうすることもできませんでした。なにしろ良寛は、本来ならば自分が継ぐべき名主職なのに、弟に押しつけて出家してしまったのですから、何も言えない立場にあったのです。

「巌根も穿たんと欲す」といっているように、岩も根も貫いてしまうところに良寛の深い悲しみが表出していると思われます。

そしてその心情を、良寛は坐禅をし、小窓の前に燈火の消えそうになるゆらぎのなかで、「夢裏に過ぐ」と顧みたのでしょう。

そこに良寛の身心脱落《しんじんだつらく》を思います。現実をあるがままに受け入れて、その身心脱落した境地から、現実世界を見据えているのです。僧になっても自我意識を捨てることは難しいと思えますが、良寛はそれさえも自分の気持の動きとして、そのままに見つめていました。晩年の、遺偈を鑑賞しましょう。

首を回らせば七十有余年、人間《じんかん》の是非《ぜひ》、看破《かんぱ》に飽く。往来、跡は幽《かす》かなり、深夜の雪、一炷《ちゅう》の線香、古窓の下《もと》。

この「草庵雪夜《そうあんせつや》の作《さく》」の真跡の遺墨を、私は、八年前に新潟の「良寛てまり庵」で拝見しました。ご案内してくださった考古堂書店会長・全国良寛会副会長、柳本雄司氏の「これがそうです」と言う柔らかなお声で、私のこころは遺墨に吸い込まれていったように感じられました。

それほど、それは静寂に満ちていました。ここに書かれている「人間の是非、看破に飽く」に注目したいと思います。人間社会の損得や善悪などをすべて感得したと思え、それが「飽く」という言葉になったと読み取れます。そして、そこに良寛の老境の醒めたまなざしを思います。

遺墨を見つめているうちに、良寛が「一炷の線香」をくゆらせ、草庵の「古窓の下」で、坐禅をしている佇《たたずま》いが見えるようです。もう何も思い残すことはなかったのでしょう。

振り返ると、仏道を求めた道も「往来」の「跡」に重なり、「幽か」になって「深夜の雪」に埋まっていく。そこに、自分の命を還していこうと思ったのでしょう。良寛には、自然に還るという死生観があるとこの遺墨から深く感じられます。

そのように受け取ると「草庵雪夜の作」は良寛の魂が、まるで雪の筆になって筆先の趣くままに書かれたように思えてきます。一文字一文字が、あとからあとから舞ってきて消えていくように思えてきます。

良寛の年代別の遺偈から私たちに送られたメッセージはなんでしょう。それは世間の是や非ではなく、ゆったりと自由に今を活き活きと生きるのが、本当の道を生きる人なのだということではないでしょうか。

それは、良寛が仏道修行の末に到達した「空・無心」の境地の表われなのです。空とは、「般若心経」に、この世においては存在するすべてに実体がない、実体がないからこそ形ある存在となる。感じたり、思ったり、意志を持ったり、知ったりする心の働きも、実体がないのだとあります。その有り様を良寛は体現しました。

そこから、辛いことや悲しいこともいつまでも続かないし、同時に嬉しいこともいつまでも続くわけではないというお教えが伝わってきます。安心感を覚えます。

良寛はいつも無心に生きてきました。たとえば子どもたちと、手まりを撞いて遊ぶ時もそれに没頭します。子どもに成りきって、無心に遊ぶことで仏に一歩一歩近づいていったのではないでしょうか。世のなかのしがらみに縛られている大人の社会から、自分を解き放ち、一人の人間の本性に帰っています。その良寛の生き方が、メッセージなのです。

私は、良寛の遺偈のように、良寛が至っていった老境をめざして自分の老いを生きていきたいと願っています。そう願いを込めると、なんと良寛が振りむいて老いの道を一緒に歩こうと、私を待っていてくださるお姿が目に見えてくるのです。

あとがき

良寛様に親しんで、もう二十年になります。その間、良寛様と貞心尼様に魅了されて詩集『待ちにし人は来たりけり』と『かたみとて何か残さむ』を上梓しました。

あれからいつも良寛様は、逸話や書や詩歌を通して温かく私を支え寄り添ってくださるのを感じておりました。それを感じながら、日々過ごしていると何か自分が変わっていくのに気づかされました。

それは他者をこころから思いやるということです。相手がいかなる状況になろうと、揺るぎない思いやりを持つという、いわば愛語のこころです。その大切さが、身に沁みてくるようになってきました。

このことから、良寛様を学ぶということは自分を学ぶということなのだとの思いに至ってきました。さらに愛語や、そのこころの実践を我が身で示してくださった良寛様は、まさに私の師です。

最近、良寛様について何か話しをしてほしいという機会をいただくことが多くなってきました。力不足の私の話しでは、何ひとつためにならないと思ったのですが引き受けました。

「良寛講座」は、月二回で受講者は高齢者の十名です。四月から翌年三月までの期間です。その講座で、四カ月間は受講者の反応として、良寛様の生涯の概略などにはあまり興味を示しませんでした。

ところが八月の講座で「愛語」の内容になりますと、質問をしたりメモを取ったりして真剣に話しを聞いてくださいました。

そして九月の講座ではこんな言葉が話されたのです。「この頃、怒ることがなくなりました。良寛様のお陰です」、また「もっと早く愛語をしっていれば、寝たきりで亡くなった母に優しい言葉を掛けてあげられたのに」。

高齢になってから自分を変えるというのは難しいことです。それが愛語を聞いて気づいていったのです。良寛様が重要視した愛語には、人のこころを変える魔法が潜んでいたのです。あらためて教えられました。「愛語」には次の言葉があります。

向テ愛語ヲキクハ　ヲモテヲ
ヨロコバシメコヽロヲ楽シクス
（愛護を聞くと、その人のこころの温かさが伝わって、思わず笑顔が浮かんできて幸せになります。）

このことが受講生のこころに起きたのでしょう。良寛様が私の言葉を借りて語りかけてくださったと思えてなりません。

このエッセイ集『索々たる五合庵　良寛の愛語を語る』を上梓するにあたり、良寛様の執筆をお勧めくださった今は亡き早稲田大学名誉教授の清水茂氏に御礼申し上げます。

それから良寛様の多くの資料をお送りくださった良寛研究者で、僧侶の中野東禅師にお教えをいただきました。

そして全国良寛会会長小島正芳氏と、長岡良寛の会会長安達武男氏に、良寛様についてのご助言とご説明をいただき多くの学びとなりました。

最後に陰ながらいつも、お励ましくださった詩誌「白亜紀」同人の皆様に心から御礼申し上げます。さらにこのたびも、前詩集『残照のかがやき』同様、懇切丁寧にご高配をいただいた出版社の考古堂会長・全国良寛会副会長柳本雄司氏をはじめ、良寛様のご縁をくださった全国良寛会会員の皆様に深く感謝申し上げたいと存じます。

黒羽　由紀子

二〇二三年晩秋　紅葉が陽に映える日に

参考図書

『正法眼蔵随聞記の世界』水野弥穂子　大蔵出版
『良寛の生涯その心』松本市壽　考古堂
『華厳の愛』本間　明　良寛堂刊行会・考古堂
『良寛詩歌集』中野東禅　ＮＨＫ出版
『祈りの延命十句観音経』横田南嶺　春秋社
『正法眼蔵』ひろさちや　ＮＨＫ出版
『玉島の良寛事典』森石武士　岡山県良寛会
『修証義副読本』中野東禅　仏教出版
『良寛さん』中川幸次　考古堂
『玉嶋古今東西散策がいどぶっく』早川正弘　良寛さまと玉島を愛でる草人の会
『良寛　日本人のこころと言葉』中野東禅　創元社

『良寛―人と書芸術の完成』小島正芳　考古堂
『道元百話』中野東禅　東方出版
『創造性の深層』福島　章、他三名　有斐閣
『良寛　清貧と慈愛の心』本間　明　野積良寛研究所
『良寛のことば』立松和平　考古堂
『小説　野に生きる良寛』高橋玲司　考古堂

著者プロフィール

黒羽　由紀子（くろは　ゆきこ）

【主な経歴】

1949年　茨城県笠間市生まれ

「白亜紀」同人

全国良寛会会員

日本詩人クラブ会員、日本現代詩人会会員

茨城県詩人協会会員

【著　書】

詩集『幻華』（視点社）

詩集『ひかる君』（国文社）

詩集『夕日を濯ぐ』（国文社）

詩集『オカリナの風景』（国文社）

詩集『南無、身を笛とも太鼓とも』（土曜美術社出版販売）

詩集『待ちにし人は来たりけり』（考古堂）

詩集『かたみとて何か残さむ』（考古堂）

詩集『残照のかがやき』（考古堂）

『喪神の彼方を』（共著、国文社）

『白亜紀詩集一九九四』（共著、国文社）

『白亜紀詩集二〇一六』（共著、国文社）

現　在　上級教育カウンセラー

現住所　〒311-3804　茨城県行方市小高1201　岡部方

エッセイ集　索々たる五合庵

良寛の愛語を語る

発　行　二〇二四年五月一日

著　者　黒羽　由紀子

発行者　柳本　和貴

発行所　㈱考古堂書店

〒951-8063　新潟市中央区古町通4番町563番地

TEL　025・229・4058（出版部直）

FAX　025・224・8654

印刷所　㈱ウィザップ